BEI GRIN MACHT SICH IHR WISSEN BEZAHLT

- Wir veröffentlichen Ihre Hausarbeit, Bachelor- und Masterarbeit

- Ihr eigenes eBook und Buch - weltweit in allen wichtigen Shops

- Verdienen Sie an jedem Verkauf

Jetzt bei www.GRIN.com hochladen und kostenlos publizieren

Bibliografische Information der Deutschen Nationalbibliothek:

Die Deutsche Bibliothek verzeichnet diese Publikation in der Deutschen Nationalbibliografie; detaillierte bibliografische Daten sind im Internet über http://dnb.d-nb.de/ abrufbar.

Dieses Werk sowie alle darin enthaltenen einzelnen Beiträge und Abbildungen sind urheberrechtlich geschützt. Jede Verwertung, die nicht ausdrücklich vom Urheberrechtsschutz zugelassen ist, bedarf der vorherigen Zustimmung des Verlages. Das gilt insbesondere für Vervielfältigungen, Bearbeitungen, Übersetzungen, Mikroverfilmungen, Auswertungen durch Datenbanken und für die Einspeicherung und Verarbeitung in elektronische Systeme. Alle Rechte, auch die des auszugsweisen Nachdrucks, der fotomechanischen Wiedergabe (einschließlich Mikrokopie) sowie der Auswertung durch Datenbanken oder ähnliche Einrichtungen, vorbehalten.

Impressum:

Copyright © 2017 GRIN Verlag, Open Publishing GmbH
Druck und Bindung: Books on Demand GmbH, Norderstedt Germany
ISBN: 9783668608726

Dieses Buch bei GRIN:

https://www.grin.com/document/386894

Martin Scheidegger

Hubert Knoblauchs transzendentales Argument für die Subjektivität

GRIN Verlag

GRIN - Your knowledge has value

Der GRIN Verlag publiziert seit 1998 wissenschaftliche Arbeiten von Studenten, Hochschullehrern und anderen Akademikern als eBook und gedrucktes Buch. Die Verlagswebsite www.grin.com ist die ideale Plattform zur Veröffentlichung von Hausarbeiten, Abschlussarbeiten, wissenschaftlichen Aufsätzen, Dissertationen und Fachbüchern.

Besuchen Sie uns im Internet:

http://www.grin.com/

http://www.facebook.com/grincom

http://www.twitter.com/grin_com

Hubert Knoblauchs transzendentales Argument für die Subjektivität

Inhaltsverzeichnis

Einleitung 1
1. Transzendentale Argumente und Strouds Kritik 2
2. Knoblauchs transzendentales Argument für die Subjektivität 5
3. Fazit und Ausblick 7
Literaturverzeichnis 8

Einleitung

In dem vorliegenden Essay soll gezeigt werden, dass und wie Hubert Knoblauch in seinem Aufsatz »Transzendentale Subjektivität. Überlegungen zu einer wissenssoziologischen Theorie des Subjekts«[1] ein transzendentales Argument für die Subjektivität entwickelt. Dazu ist es nützlich, vorab erst einmal zu klären, was transzendentale Argumente sind. Daher werde ich in einem ersten Schritt erläutern, wodurch sich transzendentale Argumente von anderen Argumenten auszeichnen und welche Formen sie annehmen können. Um eine Verbindung zu Knoblauchs transzendentalem Argument schlagen zu können, ist eine daran anschließende Auseinandersetzung mit der Kritik und Modifikation transzendentaler Argumente durch Barry Stroud vonnöten. Danach wird der entscheidende Schritt vollzogen, nämlich die Rekonstruktion von Knoblauchs Argument im zweiten Abschnitt seines Aufsatzes und dessen Prüfung im Lichte von Strouds Ansatz. Abschließend werden die Resultate der Arbeit festgehalten und Forschungsdesiderata aufgezeigt.

---

[1] Knoblauch 2008.

1. Transzendentale Argumente und Strouds Kritik

Zwar hat Immanuel Kant den Terminus ›transzendentales Argument‹ nur selten und auch nicht im heutigen Sinne verwendet,[2] jedoch stammen die bekanntesten und wirkmächtigsten transzendentalen Argumente von ihm. Er war der erste, der transzendentale Argumente einsetzte, um skeptischen Tendenzen – wie der empiristischen Position David Humes – etwas entgegenzusetzen. Dementsprechend spielten transzendentale Argumente nach Kant vor allem in Rahmen von erkenntnistheoretischen Debatten eine Rolle. Ab Ende der 1950er Jahre kam es zu einer regelrechten Renaissance transzendentaler Argumente – wenn auch nicht immer explizit unter diesem Namen – im Anschluss an wegweisende Arbeiten von Peter Strawson, der kantisches Gedankengut in die analytische Philosophie importierte.[3]

Was zeichnet transzendentale Argumente nun aus? Das ist zunächst am besten anhand der Relevanz transzendentaler Argumente für anti-skeptische Strategien zu zeigen, auch wenn transzendentale Argumente im Allgemeinen nicht auf diese anti-skeptische Funktion beschränkt sind. Transzendentale Argumente sollen skeptische Herausforderungen in Bezug auf unsere Erkenntnisfähigkeit untergraben, indem sie zeigen, dass es ein X gibt, das eine notwendige Bedingung der Möglichkeit unseres Erfahrens, Denkens oder unserer Sprache etc. ist und sich somit als unverzichtbar und unbezweifelbar erweist. Nun kann man für X ganz Verschiedenes einsetzen: mentale Entitäten – wie Erfahrungen oder Überzeugungen – als auch nicht-mentale – wie Tatsachen in der Welt.[4] Man könnte beispielsweise behaupten, dass die Existenz physischer Objekte eine notwendige Bedingung für Erfahrung sei. Ebenso könnte man z.B. annehmen, dass der Glaube an raum-zeitlich bestehende Einzeldinge und andere Personen, die Überzeugungen haben, eine notwendige Bedingung für unser sinnerfülltes Sprechen ist.

Allgemein könnte man die Struktur transzendentaler Argumente vereinfacht so darstellen: **P1**: $p \wedge$ **P2**: Bedingung der Möglichkeit von p ist q → **K**: q.[5] So würde man

---

[2] Z.B. Kant, KrV A627/B655.
[3] Insbesondere Strawson 1959 und Strawson 1966.
[4] Demgemäß unterscheidet Robert Stern vier maßgebliche Typen transzendentaler Argumente: (1) *truth/world-directed*, (2) *belief-directed*, (3) *experience-directed* und (4) *concept-directed*. Vgl. Stern 2000, 10.
[5] P=Prämisse; K=Konklusion.

transzendentale Argumente aber nur ihrer logischen *Form* nach identifizieren. Die *Inhalte* transzendentaler Argumente sind aber entscheidend hinsichtlich der Frage nach ihrer Legitimität. Eng damit verknüpft sind die *Ziele* transzendentaler Argumente. Genau an dieser Stelle setzt die bedeutende Kritik bestimmter Typen transzendentaler Argumente an, die Barry Stroud zuerst 1968 in seinem Aufsatz »Transcendental Arguments«[6] dargelegt hat. Die Kritik zielt also nicht auf alle Arten transzendentaler Argumente, sondern bezieht sich nur auf diejenigen, die zum Ziel haben, aus den Möglichkeitsbedingungen von Erfahren und Denken auf Wahrheiten über die Welt an sich zu schließen. Denn hier findet ein problematischer Übergang von psychologischen Prämissen (Feststellungen über unser Erfahren und Denken) zu nicht-psychologischen Konklusionen statt, die davon handeln, wie die Welt ist und nicht bloß, wie sie gedacht wird. Ich werde diese Argumente deshalb als *transzendierende* bezeichnen, da sie die Grenzen des Denkens überschreiten. Zwar kann man vom Wissen einer Person auf das Bestehen von Tatsachen in der Welt schließen, aber transzendentale Argumente setzen nicht bei *bestimmten* Wissensbeständen an, da es transzendentaler Argumente nicht bedürfte, um zu zeigen, was wir auch so schon über die Welt wissen.[7] Mit der Kritik an dieser Form transzendentaler Argumente trifft Stroud in das Herz des metaphysischen Projekts Kants und dessen Erneuerers Strawson.[8] Denn gerade diese Argumente sollten zu wahren synthetischen Urteilen a priori führen, nach denen Kant suchte, um eine kritische Metaphysik zu begründen.

Dieser Form transzendentaler Argumente setzt Stroud eine im Anspruch abgeschwächte Konzeption entgegen,[9] der zufolge transzendentale Argumente nur notwendige Zusammenhänge *innerhalb* unseres Denkens aufdecken. Ich kategorisiere diese Argumente daher als *immanente*. Einfach ausgedrückt: »if we think in certain ways, we must think in certain other ways«.[10] Dass wir Erfahrungen machen und Gedanken haben, wird vorausgesetzt. Mittels transzendentaler Argumente nach Strouds Façon können wir auf die Bedingungen unserer *Zuschreibung* solcher Gedanken und Erfahrungen reflektieren. Das zieht Fragen darüber nach sich, wie wir über die Welt

---

[6] Stroud 2000a [1968].
[7] Vgl. Stroud 2000b [1999], 210.
[8] Wie der Titel von Strawson 1959 zeigt, vertrat Strawson eine sogenannte *deskriptive Metaphysik*.
[9] Vgl. ebd., 212f.
[10] Ebd., 215.

denken müssen, damit wir überhaupt denken können, dass es Personen gibt, die eine Sprache und Gedanken haben.[11]

Aber wie genau führt Stroud die Kritik an transzendierenden transzendentalen Argumenten durch, die seinem Plädoyer für immanente transzendentale Argumente vorausgeht? Strouds zentrale Strategie bestand darin, mögliche Brückenprinzipien zu finden, die einen wahrheitsgarantierenden Schluss von unseren Überzeugungen auf die Tatsachen in der Welt rechtfertigen. Abgesehen von der Möglichkeit, dieses Problem mittels einer idealistischen Position zu beheben,[12] die für viele Autoren transzendentaler Argumente nicht infrage kommt, gibt es noch den Ausweg über das sogenannte *Verifikationsprinzip*.[13] Es kommt zum Einsatz, wenn man zeigen will, dass die *Wahrheit* einer Proposition *p* (über die Welt an sich) eine notwendige Bedingung der Möglichkeit von Erfahrung, Denken oder Sprache ist, der Skeptiker jedoch einwendet, der bloße Anschein der Wahrheit würde schon genügen, um all dies zu ermöglichen.[14] Das Verifikationsprinzip besagt, dass eine Proposition nur Bedeutung für uns hat, sofern wir sie verifizieren – also wissen – oder falsifizieren können.[15] Setzt man diese verifikationistische Semantik voraus, so muss die Erfahrung und Sprache, die der Skeptiker zu gewähren bereit ist, vollends sinnlos erscheinen und folglich auch die Skepsis selbst. Die Wahrheit des Verifikationsprinzips vorausgesetzt, würde sich die Skepsis also selbst aufheben. Das Prinzip selbst wiederum ist aber nicht immun gegen weitere Zweifel. Das eigentliche Problem im Rahmen der Debatte um transzendentale Argumente besteht aber darin, dass die Inanspruchnahme des Verifikationsprinzips für transzendentale Argumente ebenjene überflüssig macht, da der Verifikationismus allein schon eine hinreichend starke anti-skeptische Position ist.[16] Stroud meint gar, dass die kritisierten transzendentalen Argumente lediglich *Anwendungen* des Verifikationsprinzips darstellen und somit nichts an ihnen wirklich neu oder besonders ist.[17] Letztlich ist man dem Dilemma ausgesetzt, entweder das Verifikationsprinzip und damit die Redundanz transzendentaler Argumente zu akzeptieren oder bei dessen Ablehnung nicht mit ihnen zu Schlüssen über die Welt an sich kommen zu können.

---

[11] Vgl. Stroud 2000b [1999], 220.
[12] Vgl. ebd., 209.
[13] Zuerst in Stroud 2000a [1968], 15: »*verification principle*«.
[14] Vgl. ebd., 24.
[15] Vgl. Stern 2000, 45.
[16] Vgl. ebd.
[17] Vgl. Stroud 2000a [1968], 24.

2. Knoblauchs transzendentales Argument für die Subjektivität

Nach der im ersten Abschnitt geleisteten Vorarbeit zur Theorie transzendentaler Argumente soll im Folgenden ein konkretes transzendentales Argument rekonstruiert werden, das sich in Hubert Knoblauchs Aufsatz »Transzendentale Subjektivität. Überlegungen zu einer wissenssoziologischen Theorie des Subjekts« findet. Im Anschluss an die Rekonstruktion des Arguments erfolgt dessen Bewertung im Lichte von Strouds kritischem Ansatz.

Wie der Titel von Knoblauchs Aufsatz nahelegt, geht es ihm um die Begründung der Subjektivität in transzendentaler Perspektive. Einem solchen Ansatz scheinen zunächst – oberflächlich betrachtet – eine Reihe von subjektkritischen Position in der Soziologie zu widersprechen. Insbesondere (post)strukturalistische, systemtheoretische und bahavioristische Ansätze wenden sich explizit gegen die Aufnahme des Konzepts der ›Subjektivität‹ – und damit verbunden des ›subjektiven Sinns‹ – in ihre Theorien. Zum Teil ist dies eine Folge allgemein essentialismuskritischer Tendenzen der Theoriebildung in der zweiten Hälfe des 20. Jahrhunderts.[18] Knoblauch greift die berechtigten Resultate der Essentialismuskritik auf, zieht daraus aber nicht den Schluss, dass man Subjektivität für Tod erklären müsse, sondern arbeitet selbst einen phänomenologisch orientierten Begriff der ›Subjektivität‹ aus.[19] Zuvor begründet er jedoch die Legitimität der Annahme von Subjektivität überhaupt und zwar durch ein transzendentales Argument, wie ich zeigen möchte.

Die phänomenologisch wohl unbestreitbare Prämisse, dass es Kommunikationsvorgänge und andere Formen von Interaktionen gibt, bildet den Ausgangspunkt für das Argument. Knoblauch zeigt am Beispiel der Klasse der sogenannten ›Beobachtungstheorien‹, dass selbst diese implizit Subjektivität voraussetzen und auch voraussetzen müssen, selbst wenn ihr erklärtes Ziel dem widerspricht. Denn letztlich sind auch Beobachter Subjekte, selbst wenn ihnen aus epistemischen bzw. methodischen Gründen der subjektive Sinn der beobachteten Akteure nicht zugänglich wäre und sie ihn nur postulieren könnten.[20] Dieses Ergebnis lässt sich aber auch verallgemeinern: Subjektivität muss »als Bedingung der

---
[18] Vgl. Knoblauch 2008, 65.
[19] Vgl. ebd., 66 und 72.
[20] Vgl. ebd., 67.

Möglichkeit menschlicher Kommunikation verstanden« werden.[21] Das bedeutet, wie Knoblauch treffend formuliert: »Menschliche Kommunikation ist nicht *denkbar* ohne Subjektivität«.[22] Das ist keine *metaphysische* These über die Existenz von Subjekten, sondern vielmehr eine *logische* These, die eine Denknotwendigkeit zum Ausdruck bringt. An einer Stelle geht Knoblauch noch auf eine fundamentalere Ebene zurück: »[D]ie *Fähigkeit* des Unterstellens von Subjektivität [ist] grundlegend für menschliche soziale Kommunikation«.[23] Denn wenn es *notwendig* ist, dass wir Subjektivität für Kommunikation voraussetzen, muss es auch *möglich* sein, dass wir dies können. Faktisch zeigt sich die Manifestation dieser Fähigkeit darin, dass »wir grundsätzlich mit der Basisunterscheidung [operieren], ob *jemand* kommuniziert oder nicht«.[24]

Da nun gezeigt wurde, dass die Annahme der Subjektivität eine unhintergehbare Voraussetzung der Kommunikation und Interaktion darstellt, kann darauf aufbauend ihre Rolle für die Konstitution des Sozialen begründet werden. Die wissenssoziologisch relevante Konsequenz daraus ist, dass Wissen, sofern es nur durch soziale Interaktion und Kommunikation möglich ist, seinerseits Subjektivität voraussetzt. In methodologischer Hinsicht gilt entsprechend, dass keine angemessene wissenssoziologische Theorie ohne das Konzept der ›Subjektivität‹ auskommen kann.

Das von Knoblauch formulierte Argument ist, wie es wohl schon in Ansätzen deutlich geworden ist, nicht von der Kritik Strouds betroffen, da nicht behauptet wird, dass Subjektivität »etwas ist, das substantiell der Kommunikation vorgängig ist«[25], was bedeutet, dass mit der Subjektivität als Bedingung der Möglichkeit von Kommunikation nicht eine von unserem Denken unabhängige Entität vorausgesetzt wird. Der subjektive Sinn wird so nicht von einem Verifikationsprinzip abhängig gemacht.

---

[21] Ebd., 68.
[22] Ebd. [Hervorh. M.K.G.].
[23] Ebd., 67 [Hervorh. M.K.G.].
[24] Ebd. [Hervorh. M.K.G.].
[25] Ebd., 67f.

3. Fazit und Ausblick

Nachdem ich zunächst erläutert habe, was man unter ›transzendentalen Argumenten‹ verstehen kann, welche Probleme mit ihnen verbunden sind und wie Stroud sie ausgehend von seiner Kritik abschwächte, um ihnen überhaupt einen Geltungsbereich zu gewähren, habe ich Knoblauchs transzendentales Argument für die Subjektivität rekonstruiert und analysiert, um zu prüfen, ob es von Strouds Kritik transzendierender transzendentaler Argumente betroffen ist. Wie sich herausgestellt hat, ist dies nicht der Fall und Knoblauchs Argument wird der von Stroud modifizierten (immanenten) Form transzendentaler Argumente gerecht. Ob sich das Resultat dieser Untersuchung bewährt, hängt davon ab, ob sich gegen diese Art von Argumenten schlagkräftige Einwände finden lassen. Die Untersuchung des Potentials transzendentaler Argumente für die Theoriebildung erweist sich, wie sich gezeigt hat, als ein interessantes Forschungsfeld.

Literaturverzeichnis

Kant, Immanuel. 2010 [1781/1787]. *Kritik der reinen Vernunft.* Hamburg: Meiner.

Knoblauch, Hubert. 2008. »Transzendentale Subjektivität. Überlegungen zu einer wissenssoziologischen Theorie des Subjekts«. In: Jürgen Raab et al. (Hrsg.): *Phänomenologie und Soziologie. Theoretische Positionen, aktuelle Problemfelder und empirische Umsetzungen.* Wiesbaden: VS, 65–73.

Stern, Robert. 2000. *Transcendental Arguments and Scepticism: Answering the Question of Justification.* New York: Oxford University Press.

Strawson, Peter F. 1959. *Individuals: An Essay in Descriptive Metaphysics.* London: Methuen.

Strawson, Peter F. 1966. *The Bounds of Sense: An Essay on Kant's Critique of Pure Reason.* London: Methuen.

Stroud, Barry. 2000a [1968]. »Transcendental Arguments«. In: Ders.: *Understanding Human Knowledge: Philosophical Essays.* New York: Oxford University Press, 9–25.

Stroud, Barry. 2000b [1999]. »The Goal of Transcendental Arguments«. In: Ders.: *Understanding Human Knowledge: Philosophical Essays.* New York: Oxford University Press, 203–223.

BEI GRIN MACHT SICH IHR WISSEN BEZAHLT

- Wir veröffentlichen Ihre Hausarbeit, Bachelor- und Masterarbeit

- Ihr eigenes eBook und Buch - weltweit in allen wichtigen Shops

- Verdienen Sie an jedem Verkauf

Jetzt bei www.GRIN.com hochladen und kostenlos publizieren